Recueil. F. 3341.

1°. Ord.^{ce} concernant les Commandements et le Service des Places 1.er Aoust 1733

2. Instruction concernant le Service de campagne en 121. Articles

3. Projet de Reglement concernant l'Exercice de l'Infanterie.

4. Ord.^{ce} sur l'habillement equipement et armement de la Cav.^{erie} 28. May 1733.

5. Projet d'Instruction pour les Evolutions de la Cavalerie.

6. Projet d'Instruction concernant la Marche d'un Reg.^{t} de Cav.^{rie} en Route, et le Service de la Cav.^{rie} en Campagne en 107 Articles.

Fin.

ORDONNANCE DU ROY,

CONCERNANT le Commandement & le Service des Places.

Du premier Aoust 1733.

A METZ,

De l'Imprimerie de la Veuve de BRICE ANTOINE, Imprimeur du Roy, &c. sous les Arcades de la Place d'Armes.

M. DCCXXXIII.

AVEC PERMISSION.

ORDONNANCE DU ROY,

Concernant le Commandement & le Service des Places.

Du premier Aoust 1733.

DE PAR LE ROY.

SA MAJESTÉ étant informée des differens usages introduits dans ses Places de Guerre, tant sur le Commandement que sur le Service, & jugeant necessaire d'établir sur cette matiere une regle fixe & uniforme, afin que les Officiers de ses Troupes en étant instruits, sçachent en quelque Place qu'ils se trouvent, quels sont les devoirs qu'ils doivent y remplir : Sa Majesté aprés avoir fait rassembler toutes les dispositions répanduës dans les anciennes Ordonnances, ſur les differens détails relatifs au Commandement & au Service des Places, & aprés avoir pris l'Avis de pluſieurs Officiers generaux de ſes Troupes & des Commandans de Places les plus experimentez, a ordonné & ordonne ce qui ſuit.

ARTICLE PREMIER.

Tous Chefs & Officiers des Troupes de Sa Majeſté, de quelque grade & caractere qu'ils puiſſent être, & ceux étant ſous leur charge, comme auſſi les Officiers d'Artillerie, les Ingenieurs, & generalement tous autres Officiers Militaires, reconnoîtront les Gouverneurs des Places où ils ſe trouveront, ſoit en Route ou en Garniſon, & en leur abſence, ceux qui y commanderont par ordre ou commiſſion expreſſe de Sa Majeſté, & leur obéïront ſans difficulté en tout ce qui concernera ſon Service.

II. En l'abſence deſdits Gouverneurs & Commandans, ils obéïront aux Lieutenans pour Sa Majeſté, & en leur abſence aux Majors deſdites Places.

III. Lorſque les Gouverneurs, Lieutenans de Roy, & Majors des Places ſeront abſens, & qu'il ne ſe trouvera point d'Officier pourvû d'un ordre de Sa Majeſté pour y commander, l'Officier en pied des Troupes Françoiſes de la Garniſon, ſoit de Gendarmerie, Cavalerie, Dragons ou Infanterie, qui aura le grade ſuperieur ſur les autres Officiers de la même Garniſon, aura le Commandement de la Place : Et à grade égal, le Commandement apartiendra à l'Officier d'Infanterie qui sera du plus ancien Régiment François, soit Colonel, Lieutenant-Colonel ou Capitaine ; & ce par préference à tous les Officiers des Régimens de Nations étrangeres, quand même ils auroient le grade superieur aux Officiers François, & ce jusqu'à ce qu'il en soit autrement ordonné par Sa Majesté, ou par les Generaux de ses Armées.

I V. L'Officier des Troupes de la Garnison d'une Place, qui y commandera en l'absence des Gouverneur, Commandant, Lieutenant de Roy & Major, ne pourra rien changer au Service ny à l'ordre qu'ils auront étably pour la garde & sûreté de ladite Place.

V. Les Aydes-Majors desdites Places, y commanderont par préference à tous Lieutenans & Enseignes ; se reservant Sa Majesté de faire expedier ses ordres à ceux qui auront eu le grade de Capitaine dans ses Troupes, pour commander en l'absence des Majors.

V I. Lesdits Gouverneurs, Commandans & Lieutenans de Roy, pourront quand ils le jugeront à propos, donner leurs ordres ou les faire donner de leur part par le Major de la Place, pour faire prendre les Armes aux Troupes de la Garnison, ou les faire monter à Cheval, les faire mettre en Bataille, & commander des Hommes détachez des differens Corps & Compagnies, sans que lesdits Commandans ou Majors soient obligez de rendre raiſon du Commandement aux Officiers deſdites Troupes.

VII. Ne pourront neanmoins les Gouverneurs ou Commandans des Citadelles, Forts ou Châteaux, quand même ils commanderoient auſſi dans les Villes & Places auſquelles leſdites Citadelles, Forts ou Châteaux ſont attachez, en tirer la Garniſon ou partie d'icelle, ſans un ordre exprés de Sa Majeſté, hors le ſeul cas d'une neceſſité urgente pour la ſûreté & conſervation deſdites Villes & Places; auquel cas permet aux Gouverneurs & Commandans deſdites Citadelles, Forts & Châteaux, de faire ou laiſſer ſortir le tiers de leur Garniſon, ſur les ordres ou requiſitions qu'ils en recevront des Generaux d'Armée, Gouverneurs & Lieutenans generaux des Provinces, ou des Gouverneurs & Commandans deſdites Places.

VIII Et deſirant Sa Majeſté pourvoir de plus en plus à la ſûreté deſdites Citadelles, Châteaux & Forts, Elle veut & entend que le tiers de ceux des Officiers qui y ſeront en Garniſon & qui ne ſeront pas de Garde, y reſte toûjours; & que pour s'accommoder ſur cela entre eux, ils ſe trouvent un jour de la Semaine chez le Commandant de la Place, & même tous les jours s'il le juge à propos, & qu'en ſa preſence il ſoit fait un Etat de ceux qui devront y demeurer chaque jour quoyqu'ils ne ſoient pas de Garde, lequel Etat reſtera en ſes mains: Voulant Sa Majeſté que s'ils contreviennent à ce dont ils ſeront ainſi convenus, ils ſoient mis en priſon pour quinze jours la premiere fois ; & en cas de récidive, qu'ils demeurent en priſon juſqu'à nouvel ordre de Sa Majeſté.

IX. Les Gouverneurs ou Commandans, tant des Villes que des Citadelles, Forts & Châteaux, pourront y faire arrêter Priſonniers les Officiers de la Garniſon qui ſeront tombez en grieve faute ; Voulant neanmoins Sa Majeſté, qu'ils ayent à luy en donner avis dans les vingt-quatre heures de la détention, pour recevoir ſes ordres : A l'égard de ceux qui ſeront mis en priſon pour dettes, libertinage ou autres défauts de conduite, Sa Majeſté s'en remet aux Commandans de ſes Places, & à ceux des Corps dont ils ſeront, de les y laiſſer le temps qu'ils jugeront neceſſaire pour leur correction.

X. A l'exception des Officiers qui tiendront Garniſon dans les Citadelles, Forts & Châteaux, & qui, ſuivant l'Article précedent, pourront y être retenus en priſon, aucun Officier d'une Garniſon étrangere ou autre particulier quel qu'il ſoit, ne pourra y être reçû & détenu Priſonnier ſans un ordre exprés de Sa Majeſté, ou des Gouverneurs & Lieutenans generaux commandant actuellement ſur les Frontieres ; leſquels ne donneront leſdits ordres que dans des cas urgens, dont ils informeront ſur le champ Sa Majeſté, qui adreſſera ceux qu'Elle jugera à propos aux Gouverneurs ou Commandans deſdites Citadelles, Forts & Châteaux.

XI. Aucun Gouverneur ou Commandant de Place, Citadelle, Fort & Château, ne pourra s'en absenter pour plus de quatre jours, sans un Congé signé de Sa Majesté & contresigné par le Secretaire d'Etat de la Guerre, hors le cas cy-aprés expliqué dans l'Article XVI. sans cependant qu'ils puissent s'en absenter même pour un jour, dans quelque cas que ce puisse être, si le Lieutenant de Roy ou le Major en son absence, n'y est actuellement present & en état d'y commander.

XII. Les autres Officiers de l'Etat-Major ne pourront pareillement s'absenter pour plus de quatre jours, sans un Congé de Sa Majesté, ny même pour ledit temps de quatre jours, sans la Permission desdits Gouverneurs ou Commandans.

XIII. Nul Officier ne pourra coucher hors la Place où il sera en Garnison ny même en sortir, sans Permission expresse desdits Gouverneurs ou Commandans, qui ne pourront la donner pour plus de quinze jours, ny à plus d'un Capitaine & un Lieutenant par Bataillon à la fois, ou par Régiment de Cavalerie & Dragons.

XIV. A l'égard des Ingenieurs, Officiers d'Artillerie, & Commissaires des Guerres, dont les Fonctions s'étendent hors de la Place de leur résidence ordinaire, lorsqu'ils demanderont au Gouverneur ou Commandant permission de s'absenter, elle leur sera accordée sans fixer le temps de leur absence, & sans qu'ils soient tenus d'en expliquer les motifs.

XV. Les Chefs ou Commandans de Troupes ne pourront permettre aux Gendarmes, Cavaliers, Dragons ou Soldats, étant ſous leurs ordres, de découcher de la Place où ils tiendront Garniſon, ſans au préalable en avoir informé les Gouverneurs ou Commandans deſdites Places, auſquels Sa Majeſté défend de donner leſdites Permiſſions ſans une neceſſité abſoluë, à peine aux uns & aux autres de répondre du préjudice que le Service de Sa Majeſté pourroit en recevoir.

XVI. Les Gouverneurs des Places ou ceux auſquels Sa Majeſté aura fait expedier ſes ordres pour y commander, pourront en temps de Guerre en ſortir avec tels Détachemens qu'ils jugeront à propos pour le Service de Sa Majeſté, pourvû que ces Détachemens n'excedent pas la moitié de l'Infanterie de leur Garniſon; & en ce cas, ils conſerveront ſur leſdits Détachemens la même autorité que s'ils étoient dans leſdites Places.

XVII. Mais lorſqu'il y aura des Officiers generaux employez ſur les Frontieres pour commander les Détachemens des Garniſons, leſdits Gouverneurs ou Commandans ne pourront ſortir de leurs Places, ny en faire ſortir leſdits Détachemens, ſans la permiſſion de ceux qui commanderont en chef ſur les Frontieres.

XVIII. Aucunes Troupes, ſoit de Gendarmerie, Cavalerie, Dragons ou Infanterie, en Garniſon dans les Places, ne s'aſſembleront, ne prendront les Armes, ny ne monteront à Cheval ſans permiſſion des Gouverneurs ou Commandans.

XIX. Les Inſpecteurs & Commiſſaires des Guerres ne pourront faire leurs Revûës dans les Places de leurs Départemens, avant d'en avoir demandé la permiſſion aux Gouverneurs ou Commandans deſdites Places, qui ne pourront la leur refuſer ſans des raiſons dont ils informeront ſur le champ Sa Majeſté.

XX. Le jour qu'un Régiment de Cavalerie, Dragons ou Infanterie, arrivera dans une Place pour y tenir Garniſon, le Major, l'Ayde-Major, ou autre Officier chargé du détail, partira à l'avance pour venir prendre les ordres du Gouverneur ou Commandant, & les porter enſuite au Commandant du Régiment lorſqu'il ſera arrivé à portée de la Place.

XXI. Les Troupes arrivées prés de la Place, ſe mettront en Bataille prés du Glacis, pour attendre les Cavaliers, Dragons ou Soldats qui ſeront reſtez derriere : Lorſque le Logement aura été reglé & les Billets expediez, le Major ou l'Ayde-Major de la Place, viendra ſe mettre à leur tête, & les conduira ſur la Place d'Armes, où elles ſe mettront en Bataille pour défiler vers leurs Quartiers, en preſence du Commandant de la Place & du Commiſſaire des Guerres, afin qu'ils puiſſent examiner la force des Compagnies.

XXII. Les Regimens d'Infanterie défileront par Compagnie, les Officiers étant à la tête avec le hauſſe-col & l'eſponton, & les Tambours battront la marche ; celle des Grenadiers marchera la premiere, la Colonelle ensuite, & les autres chacune suivant le rang que leurs Capitaines tiendront dans le Bataillon.

XXIII. Les Troupes de Gendarmerie, Cavalerie & Dragons, défileront aussi par Compagnie, par quatre ou six Cavaliers de front, suivant la largeur des ruës, dans le même ordre que si elles passoient en revûë.

XXIV. Les Troupes de passage observeront les mêmes regles, à l'exception que les Officiers d'Infanterie seront à cheval à la tête de leurs Compagnies, & que lesdites Troupes ne seront point conduites sur la Place par le Major.

XXV. Lors de la premiere revûë de la nouvelle garnison, s'il se trouve des Compagnies beaucoup plus fortes qu'elles n'étoient lors qu'elles ont défilé sur la Place à leur arrivée, le Commandant & le Commissaire des guerres en donneront avis au Secretaire d'Etat de la guerre, afin que sur le compte qu'il en rendra à Sa Majesté, Elle puisse juger de l'application des Capitaines.

XXVI. Le Major de chaque Corps de Gendarmerie, Cavalerie, Dragons ou Infanterie, à son arrivée donnera au Major de la Place un Controlle exact de la force de toutes les Compagnies dont il sera composé, dans lequel Controlle le nom & le grade de chaque Officier seront specifiez.

XXVII. La garde sera faite jour & nuit dans

les Places de guerre ; elle ſera battuë en Hyver à midy & ſe montera à trois heures ; en Eté elle ſe battra à une heure aprés midy, & ſe montera à quatre heures préciſes.

XXVIII. Les Officiers d'Infanterie monteront en perſonne la garde que chacun devra faire, & ce avec le hauſſe-col & l'eſponton ; ils aſſiſteront à l'ouverture & fermeture des Portes, & ſeront obligez de demeurer au Corps-de-garde, d'y faire leurs repas, & d'y coucher, ſans qu'ils puiſſent s'en diſpenſer que par maladie ou autre légitime empêchement, & avec permiſſion du Commandant de la Place, à peine de déſobéïſſance.

XXIX. Seront exempts de monter la garde les Lieutenans-Colonels, les Commandans de Bataillon brevetez, les Capitaines qui en l'abſence des Officiers ſuperieurs commanderont des Regimens ou des Bataillons ſeparez des Regimens, & ceux qui en l'abſence des Officiers de l'Etat-Major des Places s'y trouveront commandant ; ſans que cette exemption puiſſe être prétenduë par les Capitaines qui commanderont par accident des Bataillons dont les Compagnies ſeront diſperſées ; l'intention de Sa Majeſté étant de ne l'accorder qu'à ceux qui commanderont par accident un ou pluſieurs Bataillons, dont les Compagnies ſeront réünies dans une même garniſon.

XXX. Les Capitaines, Lieutenans & autres Officiers neceſſaires pour monter la garde chaque jour, ſeront tirez par le Major de la Place, de tous les Bataillons & Compagnies Françoiſes & Etrangeres qui en compoſeront la garniſon, en commençant toûjours ce Service par la tête des Officiers de chaque Bataillon, & ce à proportion du nombre de Capitaines & de Lieutenans qu'il y aura dans chaque Bataillon, actuellement preſens & en état de faire le Service; enſorte qu'aucun Capitaine ne ſoit obligé de monter une ſeconde fois la garde, qu'aprés que tous les Capitaines de la garniſon l'auront montée une fois chacun; le même ordre ſera obſervé pour les Lieutenans: Et à chaque changement de garniſon, le Service commencera par les Officiers de la tête de chaque Bataillon, & ne ſe ſuivra pas d'une Place dans une autre, ny ne pourra commencer par les Officiers de la queuë du Bataillon.

XXXI. Sa Majeſté n'accordant de congez aux Officiers de ſon Infanterie que pour vaquer à leurs affaires, & non pour demeurer inutiles, Elle veut que ceux qui ſe trouveront à la garniſon pendant le tems de leurs congez, montent la garde & faſſent les fonctions de leurs chatges, ainſi que les autres Officiers.

XXXII. Les Capitaines des Regimens des Gardes Françoiſes & Suiſſes ſeront diſpenſez de monter la garde en perſonne; un Capitaine de chacun deſdits Regimens ſera néanmoins tenu de ſe trouver tous les jours à la parade, pour voir ſi les Eſcoüades deſdits Regimens ſeront complettes d'Officiers, Sergens & Caporaux; & en outre de prendre ſoin de viſiter pluſieurs fois tant de jour que de nuit les Corps-de-garde où leſdites Eſcoüades ſeront diſtribuees, pour reconnoître ſi les Sergens & Soldats y ſont aſſidus & font le Service avec l'exactitude qu'ils doivent.

XXXIII. Les Officiers & Soldats des Compagnies de Grenadiers monteront la garde pendant la paix, & leurs Eſcoüades ſeront mêlées avec celles des Compagnies ordinaires, à moins que les Commandans des Places ne trouvent plus à propos de les faire ſervir ſeparément; mais ils en ſeront diſpenſez en tems de guerre, hors le cas où par foibleſſe de garniſon le Commandant ſera obligé de la leur faire monter; ils feront d'ailleurs tous les détachemens pour leſquels ils ſeront commandez, tant dedans que dehors les Places.

XXXIV. Les Officiers des plus anciens Regimens ne pourront prétendre monter la garde les premiers, & préferablement à ceux des Corps moins anciens; mais ils ſeront tenus de ſe conformer à l'ordre établi dans la Place, pour faire ſervir ſucceſſivement tous les Officiers de la garniſon.

XXXV. Aucune Eſcoüade ne pourra prétendre un poſte fixe, ſous prétexte de l'ancienneté du Corps dont elle auroit été détachée, ou de ce qu'elle ſeroit commandée par un Officier qui auroit le commandement ſur les autres; Voulant Sa Majeſté que les Officiers & leurs Eſcoüades tirent au billet, & faſſent la garde aux lieux qui leur ſeront échûs par le ſort.

XXXVI. Les Officiers des Regimens des Gardes Françoiſes, & aprés eux ceux des Gardes Suiſſes, lors qu'ils ſe trouveront avec leurs Compagnies en même garniſon, pourront néanmoins choiſir les poſtes que les Compagnies de chacun deſdits Regimens auront à garder pendant qu'ils ſeront dans la Place, & ils tireront pour cet effet au ſort chaque jour, pour ſçavoir auſquels des poſtes affectez à chacun de ces deux Corps, les Officiers & Soldats devront monter la garde; voulant Sa Majeſté que leſdits poſtes de préſerence leur ſoient départis par les Gouverneurs & Commandans des Places en tel nombre qu'il conviendra, pour que les Bataillons deſdits Regimens faſſent un Service égal & proportionné à celui des autres Bataillons de la garniſon.

XXXVII. Lorſque dans une Place il n'y aura pas de Compagnies du Regiment des Gardes Françoiſes, & qu'il s'en trouvera de celuy des Gardes Suiſſes, avec d'autres Troupes, les deux premieres Compagnies du plus ancien Corps des Regimens François de la garniſon, prendront la droite ſur leſdites Compagnies des Gardes Suiſſes : Et aprés que les Officiers des deux Compagnies Françoiſes auront choiſi des poſtes, ceux des Compagnies des Gardes Suiſſes en choiſiront pareillement pour leur demeurer fixes aux uns & aux autres, tandis que leurs Compagnies ſeront dans la Place: Voulant Sa Majeſté que pour la garde deſdits poſtes choiſis, les Eſcoüades des deux Compagnies Françoiſes qui devront monter la garde, tirent entr'elles au ſort, pour ſçavoir auſquels deſdits poſtes fixes elles devront la faire; & qu'il en ſoit uſé de même par les Eſcoüades deſdites Compagnies Suiſſes.

XXXVIII. Si dans la Place il ne ſe trouvoit qu'une Compagnie du plus ancien Corps François de ceux qui y ſeront en garniſon, la Compagnie du Corps d'aprés le plus ancien y ſera jointe pour faire Corps; ces deux Compagnies prendront la droite ſur leſdites Compagnies Suiſſes, choiſiront les poſtes fixes, & les tireront entr'elles en la maniere cy-deſſus preſcrite.

XXXIX. Lorſque les Compagnies des Gardes Suiſſes ne ſeront plus dans la Place, les Troupes qui reſteront reprendront pour la garde d'icelle, l'ordre preſcrit par les Reglemens précedens, ſans qu'aucune deſdites Troupes puiſſe prétendre des poſtes fixes, les Gardes Suiſſes n'y étant plus.

XL. Les Eſcoüades des Regimens François ſe trouvant mêlées dans les Gardes avec celles des Regimens Etrangers, prendront la droite ſur les Eſcoüades étrangeres; mais ſi l'Officier qui commandera la Garde ainſi mêlée, eſt d'un Regiment Etranger, & que le Tambour ſoit du même Corps, il battra la marche de ſon Regiment.

XLI. Les Capitaines rouleront s'il eſt neceſſaire, avec les Officiers ſubalternes pour les gardes qu'ils auront à faire, de maniere que les Capitaines relevent les Lieutenans & les Enſeignes, leſquels

lesquels releveront pareillement les Capitaines.

XLII. Les Commandans des Places pourront lors qu'ils le jugeront necessaire, faire monter la garde chaque jour par un tiers de leur garnison, mais hors le cas de necessité, & autant qu'ils croiront pouvoir le faire sans interesser la sûreté des Places, ils regleront les gardes de sorte qu'il n'y ait qu'un quart de la garnison, ou une cinquiéme partie de chaque Bataillon qui les monte, sans que sous quelque pretexte que ce soit, ils puissent faire monter un nombre de Soldats par Bataillon moindre que ladite cinquiéme partie, en la comptant sur le pied complet du Bataillon. Ils observeront au surplus de mettre en chaque poste le nombre de Soldats suffisant, pour que chaque Factionnaire n'ait que quatre, cinq, ou tout au plus six heures de faction pendant les vingt-quatre heures de garde.

XLIII. Le détachement que chaque Bataillon fournira pour la Garde, sera divisé par Escoüades dans son quartier; & s'il n'y avoit pas de place propre à cet arrangement, ou que les Soldats fussent logez chez les Bourgeois, les Sergens, Caporaux, Anspessades & Soldats commandez, se rendront au lieu ordonné pour le rendez-vous general des détachemens, où les Majors des Regimens les formeront en Escoüades.

XLIV. Les Escoüades seront composées autant qu'il se pourra, de dix hommes, y compris un Caporal ou un Anspessade, lesquels pour former l'Escoüade qu'ils devront commander, commenceront par prendre les hommes fournis par la Compagnie à laquelle ils seront attachez ; & s'ils ne suffisent pour la mettre audit nombre, les Soldats détachez des Compagnies qui n'auront fourni ni Caporal, ni Anspessade, seront également repartis dans lesdites Escoüades, pour les rendre complettes.

XLV. Lorsque les Escoüades seront formées, chaque Caporal fera un controlle des Soldats dont son Escoüade sera composée, où seront inscrits les noms desdits Soldats & de leurs Regimens & Compagnies, & lors qu'il sera arrivé au Corps-de-garde pour lequel il sera destiné, il remettra ledit controlle au Sergent de garde, afin de connoître & faire châtier ceux qui manqueront à leur devoir.

XLVI. Les Officiers qui devront monter la garde, se rendront au lieu destiné pour tirer les gardes à deux heures aprés midy, pendant les six mois d'Hyver, & à trois heures pendant les six mois d'Eté ; & les Sergens, Caporaux & Anspessades, à neuf heures du matin en tout tems. A mesure que le Major de la Place fera tirer les postes, il écrira sur le Registre qu'il doit tenir pour cet effet, les noms desdits Officiers, Sergens, Caporaux & Anspessades ausquels ils seront échûs ; & ils en délivreront chaque jour un extrait signé d'eux, au Gouverneur ou Commandant de la Place, avant que les Escoüades soient en marche pour se rendre ausdits postes.

XLVII. Dans les Places où il y aura plusieurs

Regimens en garnison, lesdits Majors en faisant tirer les Escoüades au sort pour les postes, auront attention à ce qu'il n'y en ait pas plusieurs d'un même Regiment dans un même poste.

XLVIII. Les Ayde-Majors des Places se trouveront au rendez-vous des Escoüades, pour joindre ensemble celles qui seront destinées pour un même poste, & pour indiquer aux Officiers de garde, celuy où chacun d'eux devra commander.

XLIX. Les Majors & Ayde-Majors des Regimens, & les Officiers de garde, seront tenus de visiter les armes des Soldats commandez pour la garde, pour voir si elles sont en bon état, & de tenir la main à ce qu'ils ayent leurs fusils chargez, & leurs cartouches garnies de poudre & de balles, suffisamment pour tirer encore trois coups. Le Soldat dont les armes ne seront pas en état, ou qui n'aura pas lesdites quantitez de poudre & de balles, sera mis en prison pendant un mois, durant lequel tems il luy sera retenu un sol par jour, pour être employé à luy en acheter : Enjoint Sa Majesté aux Majors & Ayde-Majors des Places, de veiller à ce que cet Article soit ponctuellement exécuté, & d'informer les Gouverneurs ou Commandans des contraventions ou négligences qu'ils pourront remarquer.

L. La Cavalerie & les Dragons monteront chaque jour la garde à cheval dans les Places frontieres qui confinent au Pays étranger, dans celles qui ne sont qu'en seconde ligne, la garde ne ſe fera pas chaque jour, mais elle ſera reglée de maniere que chaque Officier, Cavalier & Dragon la monte regulierement deux fois par mois.

L I. Les Commandans des Places feront faire lors qu'ils le jugeront à propos, le ſervice à pied à la Cavalerie & aux Dragons, de la même maniere qu'à l'Infanterie ; auquel cas les Officiers de ces Corps rouleront enſemble pour le ſervice, & leurs Eſcoüades ſeront mêlées lors qu'il ſera neceſſaire avec celles d'Infanterie dans les mêmes poſtes ; bien entendu que les Officiers de Cavalerie & de Dragons, ſeront armez d'un Mouſqueton lors qu'ils ſerviront à pied.

L II. Lors qu'il ne ſe trouvera dans une Place qu'un Regiment d'Infanterie étrangere, avec un Regiment de Dragons qui y fera le ſervice à pied, le Regiment étranger prendra la droite ſur le Regiment de Dragons ; mais en l'abſence des Gouverneur, Lieutenant de Roy & Major de la Place, l'Officier de Dragons y commandera à l'excluſion de celuy du Regiment étranger, quand même il ſeroit de grade inferieur, à moins qu'il n'en ſoit autrement ordonné par Sa Majeſté, ou par le General d'armée.

L III. La Troupe de Cavalerie qui devra monter la garde à cheval, ſe rendra ſur la Place où on aſſemble les Eſcoüades ; & quand le Major viendra prendre la garde d'Infanterie pour la mener ſur la place d'armes, elle marchera à la queüe, ſe mettra en bataille à la gauche de la garde d'Infanterie, & quand l'Infanterie aura défilé, elle défilera de même devant le Gouverneur ou Commandant, pour aller à ſon poſte.

LIV. L'ancienne garde de Cavalerie ſe rendra à ſon poſte ſur la Place d'armes, une demi-heure avant que l'on monte la garde, & quand celle qui la devra relever ſe preſentera, elle luy cedera ſon poſte.

L V. La nouvelle garde demeurera une demi-heure à cheval aprés la garde montée, aprés quoy elle défilera pour mettre ſes chevaux aux écuries du Corps-de-garde; & dans les Places où il n'y a point de Corps-de-garde pour la Cavalerie, elle ſe rendra aux Cazernes, où tous les chevaux demeureront toûjours ſellez dans une même écurie, & les Cavaliers bottez, laiſſant ſeulement ſur la place une Vedette, & un Cavalier à pied au Corps-de-garde de l'Infanterie, pour recevoir les ordres du Major, & les porter à la garde de Cavalerie.

L VI. Quand l'heure de ſe rendre ſur la Place d'armes approchera, le Major de la Place ſe rendra au lieu où les Eſcoüades ſe ſeront aſſemblées, il ordonnera au Tambour d'appeller; la garde ſe mettra en bataille, chaque Officier étant à ſon poſte; enſuite les Tambours battant aux champs, il la conduira en bon ordre ſur la Place d'armes, où le Gouverneur ou Commandant de la Place, & les Commandans & Majors des Corps, ſe trouveront pour la voir arriver.

L VII. La garde étant en bataille ſur la Place

d'armes, le Commandant de la Place ira dans les rangs, pour examiner ſi les Soldats ſont de tout point en état de la monter ; il leur fera faire l'exercice & le maniement des armes, lors qu'il le jugera à propos ; & lors qu'il aura ordonné de faire défiler les poſtes, ce ſera le Major de la Place qui leur dira : *Marche.*

LVIII. Lorſque les Eſcoüades deſtinées pour les differens poſtes y arriveront, les Officiers & Sergens qui commanderont dans ces poſtes, feront prendre les armes aux Soldats, les feront mettre en haye, cederont à la nouvelle garde le terrain du côté du Corps-de-garde, pour s'y mettre pareillement en haye, & donneront la conſigne auſdits Officiers ou Sergens qui les releveront : Les Sergens & Caporaux de la nouvelle garde, accompagnez de ceux de l'ancienne, qui auront fait la derniere poſe, iront enſuite relever les Sentinelles de l'anciene, & leur faire donner à celles qui les releveront, la conſigne qu'elles auront reçûë : Ils viſiteront enſuite les Corps-de-garde, les Guerites & autres choſes conſignées, pour voir ſi elles ſont en bon état, ou s'il s'y eſt commis des dégradations ; auquel cas, ſur le compte qui en ſera rendu au Major de la Place, il en informera le Commandant, pour faire reparer leſdites dégradations aux dépens des Officiers, Sergens & Caporaux de la garde relevée : Aprés cette viſite, les Sergens & Caporaux de l'ancienne garde iront la rejoindre avec les Sentinelles relevées ; & pour lors, battant la marche, ainsi que la nouvelle, elle defilera devant elle, formera ses rangs, & viendra se mettre en bataille sur la Place d'armes, pour y descendre la garde.

LIX. Dans les gtandes Villes où les postes pourroient être trop éloignez de la place d'armes, pour y rassembler toutes les gardes, le Commandant désignera differens endroits où celles qui en seront à portée, descendront la garde; esquels endroits, ainsi que sur la Place d'armes; il se trouvera autant qu'il sera possible, un Officier Major de la Place, pour vérifier si le même nombre d'hommes qui aura monté la garde, se trouve en la descendant; s'il en manquoit quelqu'un, il aura soin de le faire mettre en prison, & renverra les postes à leurs quartiers, à mesure qu'ils arriveront, sans les assujettir à s'attendre les uns les autres.

LX. Lorsqu'à la descente de la Garde, les Soldats rentreront dans leurs Cazernes ou Quartiers, les Sergens auront soin de leur faire décharger leurs Armes avec le Tire-bourre, tant pour conserver les munitions que pour prévenir les désordres.

LXI. Aucun Sergent, Caporal, Anspessade ou Soldat, ne pourra quitter le Poste où il sera de Garde, soit pour aller prendre ses Repas, ou pour quelque cause ou sous quelque prétexte que ce puisse être, à peine aux Sergens, Caporaux & Anspessades d'un mois de prison, aux Soldats d'être mis au cachot pendant le même temps, &

aux Officiers commandant dans les Poſtes qui l'auront permis ou ſouffert, d'être mis aux arrêts pendant quinze jours. Enjoint Sa Majeſté auſdits Officiers de faire faire d'heure en heure, l'apel de ceux qui ſeront ſous leurs ordres, & de donner au Major de la Place aprés avoir deſcendu la Garde, un Etat de ceux qui ſe trouveront avoir manqué auſdits apels, afin qu'ils ſoient punis ainſi que le Commandant aviſera bon être : Ordonne Sa Majeſté aux Officiers-Majors de la Place, de viſiter de temps en temps les Corps-de-Garde, pour examiner s'il ne manque aucun de ceux dont ils doivent être composez, & en rendre compte audit Commandant.

LXII. Toutes les Sentinelles ſeront relevées de deux en deux heures, aux temps marquez par les Majors deſdites Places, de ſorte qu'elles ſoient toutes relevées en même temps. Veut neanmoins Sa Majeſté, que pendant les fortes gelées elles ſoient relevées d'heure en heure, & que les Majors ayent attention d'avertir à l'Ordre des jours que le Gouverneur l'aura ainſi ordonné.

LXIII. Les Sentinelles qui devront partir du Corps-de-Garde, ſe mettront en haye devant le Corps-de-Garde, peu avant l'heure qu'elles en devront partir; & elles y ſeront viſitées par l'Officier qui y commandera, lequel ſortira pour cet effet du Corps-de-Garde, & n'y rentrera qu'aprés qu'il les aura vû ſe mettre en marche, ſous la conduite du Caporal ou de l'Anſpeſſade qui ſera de poſe.

LXIV. Toutes les Sentinelles ſuivront ledit Caporal ou Anſpeſſade de poſe, ſans prendre un plus court chemin pour aller l'attendre aux endroits où elles ſçauront devoir être poſées ; celles qui ſeront relevées le ſuivront toutes de la même maniere ; & lorſque ledit Caporal ou Anſpeſſade arrivera au Corps-de-Garde avec toutes leſdites Sentinelles relevées, il n'y rentrera point que l'Officier commandant n'en ſoit ſorty pour les y voir rentrer.

LXV. Lorſque les Majors des Places feront leur Ronde, ils verifieront exactement ſi les Officiers, Sergens & Eſcoüiades, ſeront dans les mêmes Poſtes où ils auront dû ſe rendre ; & en cas qu'ils y trouvent quelque changement, l'Officier qui l'aura fait ſera relevé ſur le champ & mis en priſon, pour être enſuite caſſé, ſur le compte que le Commandant de la Place & le Major, ſeront tenus d'en rendre à Sa Majeſté : A l'égard des Sergens, Caporaux & Anſpeſſades commandant leſdites Eſcoüiades, qui auront changé de Poſte, veut Sa Majeſté qu'ils ſoient mis au Conſeil de Guerre, & condamnez aux Galeres perpetuelles.

LXVI. Les Soldats, Cavaliers ou Dragons, qui étant en Sentinelle ou Faction, ſe laiſſeront relever par d'autres que par les Sergens, Caporaux ou Anſpeſſades, Marêchaux des Logis ou Brigadiers, ſeront condamnez à ſix ans de Galeres.

LXVII. Sera puny de mort celuy qui aprés avoir été poſé en Sentinelle ou Faction, quittera ſon Poſte ſans avoir été relevé.

LXVIII. Tout Sentinelle qui ſera trouvé endormy, ſoit de jour ou de nuit, ſera mis au Conſeil de Guerre, & condamné aux Galeres, ou à être paſſé par les armes, ſuivant les circonſtances du cas, plus ou moins aggravantes.

LXIX. La dépoſition d'un ſeul Officier contre un Cavalier, Dragon ou Soldat trouvé hors de ſon poſte, ou endormi en faction, ſuffira pour le faire condamner dans un Conſeil de guerre; mais hors ce cas, il faudra que le délit ſoit conſtaté par deux témoins.

LXX. Le Commandant de la Place aura ſoin d'indiquer à chaque Bataillon & autre Troupe de la garniſon, dans les premiers jours de leur arrivée, les lieux où ils devront ſe porter en cas d'allarme, afin que les Officiers & Soldats, puiſſent d'avance reconnoître le terrain qu'ils devront occuper, & les chemins qui y conduiſent.

LXXI. Lors deſdites allarmes, les Officiers qui ſeront de garde aux portes, feront d'abord fermer les barrieres, & lever les ponts de l'avancée, juſqu'à ce qu'ils ayent reçû ordre du Commandant de la Place, de laiſſer le paſſage libre; & cependant toutes les gardes en general ſe tiendront ſous les armes.

LXXII. Les Troupes qui ſeront en garniſon dans les Villes du dedans du Royaume, ne feront aucune garde aux portes, s'il n'eſt autrement ordonné par Sa Majeſté; elles pourront ſeulement avoir un Corps-de-garde ſur la principale Place, pour reprimer le deſordre qui pourroit arriver entre les Soldats & habitans ; ſans que le Commandant deſdites Troupes, puiſſe prétendre aucun commandement ſur leſdits habitans, ſous quelque prétexte que ce ſoit.

LXXIII. Une heure avant la fermeture des portes, on fera ſonner la cloche à ce deſtinée, pour avertir les gens de la campagne, ou autres paſſagers, de ſortir de la Place.

LXXIV. Un quart-d'heure aprés, les Tambours des Corps-de-garde des portes monteront ſur le rempart, & battront la retraite, pour avertir ceux qui ſont hors de la Place, d'y rentrer; auſſi-tôt l'Officier fera fermer la barriere, ne laiſſant qu'un des guichets ouverts pour l'entrée des habitans qui viendront de la campagne juſqu'à la fermeture des portes.

LXXV. Dans le même tems les Fuſiliers commandez pour les clefs, iront chez le Commandant de la Place, y attendre l'arrivée du Capitaine des portes, ou du Portier qui doit les y venir prendre; ils les eſcorteront juſqu'aux portes, & lorſqu'elles y arriveront, la garde ſera ſous les armes, & les Officiers à leurs poſtes: On fermera d'abord les barrieres de l'avancée; on levera enſuite ſucceſſivement les ponts, & on fermera les portes des ouvrages ſituez entre cette avancée & la porte de la Place, en commençant par les plus éloignez : la garde de jour ſe repliera d'ouvrages en ouvrages, à meſure que les portes en ſeront fermées, n'y laiſſant que les détachemens commandez pour la garde de la nuit, & rentrera dans la Place, dont les ponts ſeront levez & les portes fermées les dernieres. Pendant cette operation les gardes reſteront ſous les armes, & lorſqu'elle ſera finie, le Capitaine des portes ſera eſcorté par des Fuſiliers juſqu'à la maiſon du Commandant, où les clefs ſeront dépoſées.

LXXVI. Le Major ou l'Ayde-Major de la Place, ſera toûjours preſent, autant qu'il ſera poſſible, tant à l'ouverture qu'à la fermeture des portes, pour faire exécuter regulierement l'ordre dans lequel elles doivent être faites; & à leur deffaut l'Officier Commandant la garde de la porte, ſera obligé d'y tenir la main.

LXXVII. Dés que la cloche ſonnera pour la fermeture des portes, la garde de Cavalerie montera à cheval, & ſe rendra ſur la Place, où elle reſtera juſqu'à ce que les portes ſoient fermées; elle retournera enſuite, ainſi qu'il eſt cy-deſſus preſcrit, au Corps-de-garde ou aux Cazernes, où les Officiers & Cavaliers de garde ſeront obligez de paſſer la nuit.

LXXVIII. La retraite generale de la garniſon, ſera battuë par tous les Tambours, à huit heures pendant les mois de Septembre & Octobre; à ſept heures pendant ceux de Novembre, Decembre, Janvier & Fevrier; à huit heures pendant le mois de Mars & Avril; & à neuf heures pendant May, Juin, Juillet & Aouſt; une heure aprés la retraite des Bourgeois ſera ſonnée par la cloche du beffroy, ou autre à ce destinée.

LXXIX. Lorsqu'il y aura des Regimens de differentes nations dans une même Place, les Tambours des Regimens François marcheront tous ensemble les premiers; quarante pas derriere, ceux de la nation étrangere dont le Regiment sera le plus ancien, & les autres de suite.

LXXX. S'il y a des Dragons leurs Tambours marcheront quarante pas derriere tous ceux de l'Infanterie étrangere.

LXXXI. Pourront cependant les Commandans des grandes Places, affecter aux differens Corps de Tambours des Quartiers particuliers pour y battre la retraite; ils partiront tous également de la Place d'armes, & s'y separeront pour aller droit aux quartiers désignez, où ils cesseront de battre lors qu'ils seront arrivez à l'endroit qui leur aura été prescrit.

LXXXII. Les Patroüilles qui se feront la nuit, tant par la Cavalerie & les Dragons, que par l'Infanterie, conduiront en prison tous les Gendarmes, Cavaliers, Dragons & Soldats qu'elles trouveront dans les ruës ou dans les cabarets aprés la retraite battuë; elles arrêteront aussi les Officiers qui pourroient avoir quelque débat ou querelle, & les conduiront chez le Major, qui les fera mettre en lieu de sûreté, jusqu'à ce que le Commandant de la Place en ait ordonné. A l'égard des Bourgeois ou autres qu'elles trouveront faisant du desordre, elles les conduiront au Corps-de-garde où ils resteront jusqu'au lendemain matin qu'il en ſera donné avis au Commandant, lequel les remettra au pouvoir des Juges ordinaires, à moins que le deſordre ou le délit n'intereſſât la ſûreté de la Place, l'autorité du Commandement ou le ſervice de Sa Majeſté; auquel cas il luy en ſera donné avis, pour y pourvoir, ainſi qu'Elle jugera convenable, & cependant leſdits Bourgeois ou Habitans reſteront en priſon de l'ordre du Commandant.

LXXXIII. Une heure aprés la retraite battuë, les Sergens & Marêchaux-des-logis iront dans leurs quartiers faire l'apel des Soldats, Cavaliers & Dragons de leurs Compagnies, & s'ils ſont logez chez les Bourgeois, ils iront chez leurs hôtes, & dreſſeront un état de ceux qui ne s'y trouveront pas; ils le donneront au Major de leur Regiment, pour être remis ſur le champ au Major de la Place, afin que ſur le compte qu'il en rendra au Commandant de la Place, ils ſoient mis au cachot pour quinze jours

LXXXIV. Aprés la retraite des Bourgeois ſonnée, ils ſeront tenus de porter ou faire porter devant eux un flambeau, lanterne ou mêche allumée, ſous peine à ceux qui ſeront trouvez ſans feu dans les ruës, d'être conduits au Corps-de-garde, pour y reſter juſqu'à ce que le Commandant de la Place donne ordre de les en laiſſer ſortir.

LXXXV. Défend Sa Majeſté à tous Chefs & Officiers de ſes Troupes & aux Officiers Majors de ſes Places, à peine d'interdiction, de fraper un Sentinelle ou Vedette étant en faction, Voulant Sa Majesté que lors qu'un Sentinelle ou Vedette aura commis quelque faute qui meritera punition, ils ayent à le faire relever pour le faire châtier suivant l'exigence du cas.

LXXXVI. S'il arrivoit qu'un Bourgeois ou Habitant vint à frapper ou insulter un Sentinelle ou Vedette, le Commandant de la Place le fera mettre en prison, & en informera Sa Majesté, pour le faire punir suivant l'exigence du cas.

LXXXVII. Les Officiers commandant la garde des Portes auront attention de faire fermer les barrieres, lorsque la Sentinelle de l'avancée découvrira quelque Troupe; & ils ne luy permettront d'entrer, quand même ce ne seroit qu'une Recruë sans armes, qu'aprés en avoir reçû l'ordre du Gouverneur ou Commandant; & pendant que la Troupe entrera, la Garde prendra les armes, & le Tambour battra la marche jusqu'à ce qu'elle soit passée.

LXXXVIII. Pour éviter tous embarras à l'entrée & à la sortie des Portes, lors qu'il se presentera des voitures au dehors pour entrer dans la Place, la Sentinelle de l'avancée les arrêtera, & criera: *Arrête*, ce qui sera repeté de Sentinelle en Sentinelle jusqu'à celle de la porte de la Place; si cette derniere Sentinelle n'a laissé sortis aucune voiture de la Place, elle criera: *Marche*, ce qui sera repeté de Sentinelle en Sentinelle jusqu'à celle de l'avancée, laquelle fera défilet les voitures de distance en distance, de maniere que tous les Ponts ne ſoient point embarraſſez en même tems, & que l'on en puiſſe toûjours lever quelqu'un. Si pendant que les voitures de dehors entreront dans la Place, il s'en preſentoit d'autres pour en ſortir, la Sentinelle du Corps-de-garde de la Porte les fera reſter & ranger de maniere qu'elles n'embarraſſent point le paſſage; & lorſque toutes les voitures arrivant ſeront entrées, elle criera: *Arrête*; & dés que la parole ſera arrivée à la Sentinelle avancée, & qu'elle aura répondu: *Marche*, les voitures qui ſe preſenteront pour ſortir de la Place, ſe mettront en marche avec les mêmes précautions.

LXXXIX. Les voitures & chariots chargez qui ſe preſenteront pour entrer dans la Place, ſeront viſitez par le Conſigne de la Porte, avec un Caporal & cinq ou ſix Fuſiliers, afin d'examiner s'il n'y a rien qui tende à ſurpriſe, comme Soldats, armes, poudre & autres munitions de guerre.

XC. Quand il arrivera des Etrangers, le Conſigne aux Portes, aprés les avoir interrogez pour ſçavoir d'où ils viennent, où ils vont, & l'endroit où ils iront loger, les fera conduire à l'Officier commandant la garde, lequel aprés les avoir pareillement interrogez, les envoyera au Commandant, accompagnez d'un ou deux Fuſiliers qui ne les quitteront qu'aprés en avoir reçû l'ordre dudit Commandant ou d'un Officier Major: Aprés la fermeture des portes, les Conſignes porteront au Major le nom deſdits Etrangers, & celuy des

Bourgeois

Bourgeois ou Cabaretiers chez lesquels ils auront declaré devoir loger: Veut Sa Majesté que tous Cabaretiers, Bourgeois & autres Habitans de ses Places, de quelque qualité & condition qu'ils soient, soient tenus de remettre pareillement chaque jour au Major un état des Etrangers qui seront logez chez eux, de l'heure de leur arrivée & du jour qu'ils devront partir; & faute par eux d'y satisfaire, il en sera donné avis à Sa Majesté, pour être par Elle imposé aux contrevenans telle punition qu'elle jugera convenable.

XCI. Le matin à la pointe du jour & à l'heure que les Majors auront marquée à l'ordre, tous les Tambours des Corps-de-garde monteront sur le rempart & battront la diane durant un quart d'heure; en même tems toutes les gardes prendront les armes & se mettront en haye reposées sur leurs armes; l'on fera monter quelques Sergens & Caporaux sur le rempart, pour écouter & découvrir s'il ne se passe rien dans la campagne; & lorsque le Major ou l'Ayde-Major arrivera avec le Capitaine des Portes accompagné des Fusiliers commandez pour escorter les clefs, l'Officier commandant la garde de la Porte, la fera ouvrir & baisser le pont-levis qu'il fera relever aussi-tôt que le Capitaine des Portes sera passé dans l'ouvrage avancé, dont la Porte sera pareillement ouverte & le pont abaissé, la garde de l'avancée sera sous les armes, & il en sera détaché une partie pour aller à l'ouverture de la barriere; aprés quoy le pont de l'avancée restera levé jusqu'à ce que le Major, l'Ayde-Major, ou l'Officier qui devra accompagner le Capitaine des Portes ayent reconnu ceux qui se presenteront à la barriere pour entrer, & fait sonder les charettes & chariots qui s'y trouveront pour éviter les surprises.

XCII. Lorsqu'il n'y aura point de garde de nuit dans les ouvrages avancez, l'Officier commandant la garde de la porte, commandera un détachement pour accompagner le Capitaine des portes, ainsi qu'il est cy-dessus prescrit pour la garde de l'avancée.

XCIII. S'il y a de la Cavalerie ou des Dragons dans la Place, & que le Commandant juge necessaire d'envoyer battre l'estrade aux environs, ceux qui seront commandez pour cet effet, sortiront de la Place à l'ouverture des portes, & la barriere restera fermée, jusqu'à ce qu'ils ayent achevé leur découverte, & raporté qu'il n'y a rien à craindre.

XCIV. Alors la barriere & les portes, tant de l'avancée que de la Place, resteront ouvertes, & les ponts baissez, les gardes restant en haye & sous les armes, jusqu'à ce que les hommes & les voitures qui attendoient à la barriere, soient entrez dans la Place.

XCV. Lorsqu'on battra la diane, la garde de Cavalerie se rendra sur la Place, où elle reſtera juſqu'à ce que l'ouverture des portes ſoit faite.

XCVI. A l'égard des Compagnies d'ordonnance de Gendarmerie, lorſqu'elles ſe trouveront dans des Places de guerre, elles y feront la garde à cheval comme la Cavalerie legere, fourniront des détachemens pour les eſcortes, pour aller à la guerre, pour faire la découverte & pour les patroüilles; & même lorſque le bien du ſervice & la ſûreté des Places l'exigeront, elles feront la garde à pied, conformément à ce qui eſt reglé cy-deſſus pour la Cavalerie legere: le tout avec cette difference que dans le ſervice à cheval, les Troupes de Gendarmes ſeront toûjours ſeparées, & n'eſcadronneront pas mêlées avec la Cavalerie legere, & que pour les Gardes à pied, il leur ſera donné des poſtes fixes où leurs Eſcoüades ne ſeront pas mêlées avec celles des autres Troupes, ſans que pour cela les Gendarmes dont leſdites Compagnies ſont composées, puiſſent ſous aucun prétexte ſe diſpenſer de reconnoître les Officiers, ſoit d'Infanterie, Cavalerie legere ou Dragons, des autres Troupes de la garniſon, & de leur obéïr & entendre en tout ce qui leur ſera ordonné pour le ſervice de Sa Majeſté.

XCVII. Toutes les gardes, ſoit pour l'interieur de la Place, ou pour les poſtes de dehors, & les détachemens pour aller à la guerre ou faire des eſcortes, ſe feront à tour de rolle par les premiers qui ſe trouveront à marcher, ſans aucune diſtinction de garde : Pourront cependant en tems de guerre, les Gouverneurs ou Commandans, choiſir pour commander les détachemens, les Officiers qu'ils en jugeront les plus capables, pourvû que par leur grade ils ſoient en droit de commander les autres Officiers deſdits détachemens.

XCVIII. Immediatement aprés la fermeture des Portes, les Majors ou Ayde-Majors des Regimens d'Infanterie, & un Sergent par Compagnie deſdits Regimens, ſe rendront ſur la Place d'armes, & y formeront un cercle qui commencera par le Sergent de la premiere Compagnie du plus ancien Regiment, & ſera fermé par le Sergent de la derniere Compagnie du Regiment le moins ancien ; à moins que le plus ancien Regiment ne fût étranger, auquel cas les Sergens du plus ancien des Regimens François auront le pas ſur ceux dudit Regiment étranger, leſquels n'auront que le deuxiéme rang dans le cercle.

XCIX. Le Major de la Place entrera dans le cercle avec les Majors des Regimens d'Infanterie auſquels il donnera le mot, nommera les Officiers qui doivent être de garde ou de ronde, & expliquera l'ordre pour les détachemens, la garde, les rondes & autres détails relatifs au Service de la Place ; enſuite il donnera le mot au premier Sergent du cercle, qui le donnera au ſecond, le ſecond le donnera au troiſiéme,

& ainsi de suite, lesdits Sergens se tenant chapeau bas, jusqu'à ce que le dernier Sergent du cercle ait rendu le mot au Major.

C. Les Sergens des Regimens des Gardes Françoises & Suisses prendront pareillement tous les jours l'ordre & le mot du Major de la Place où elles se trouveront en garnison, ainsi que les autres Sergens ; ils pourront cependant par distinction faire un cercle à part, pour prendre le mot separément des autres.

CI. Lorsque le Regiment des Gardes Suisses ou des Compagnies d'iceluy se trouveront dans une Place avec d'autres Troupes, sans qu'il y ait de Compagnies des Gardes Françoises, le plus ancien Corps prendra la droite, & les Sergens de ce Corps feront avec ceux desdites Compagnies Suisses un cercle à part, pour prendre l'ordre du Major de la Place separément des Sergens des autres Compagnies de la garnison.

CII. Le Major de la Place aprés avoir donné le mot au cercle de l'Infanterie, le distribuëra à l'Ayde-Major de la Gendarmerie, & aux Majors de Cavalerie & de Dragons indistinctement & à mesure qu'ils se presenteront pour le recevoir : A l'égard de l'ordre & du détail du Service, il commencera par l'expliquer à l'Ayde-Major de la Gendarmerie, & successivement aux Majors des Regimens de Cavalerie & de Dragons, suivant leur rang. Veut Sa Majesté que l'ordre ne puisse être donné ailleurs que sur ladite Place d'armes, ſinon dans les cas où il s'agiroit de porter aux Troupes quelque commandement extraordinaire.

CIII. Immediatement aprés que l'ordre & le mot auront été diſtribuez auſdits Majors, le plus ancien Major des Regimens de Cavalerie, & le plus ancien des Regimens de Dragons, formeront chacun à part un cercle de tous les Maréchaux-des-logis, leur expliqueront l'ordre, & donneront le mot tout bas à l'oreille, en commençant par le Maréchal-des-logis de la Compagnie Meſtre de Camp du plus ancien Régiment, & finiſſant par celuy de la derniere Compagnie du Regiment moins ancien, lequel le rendra au Major: l'Ayde-Major de la Gendarmerie donnera de même l'ordre & le mot au cercle des Maréchaux-des-logis des Compagnies d'ordonnance.

CIV. Pourront néanmoins les Majors des Places donner l'ordre & le mot quand ils le jugeront à propos, aux cercles des Maréchaux-des-logis de la Cavalerie & des Dragons, mais ils ne le donneront point au cercle de la Gendarmerie; Voulant Sa Majeſté qu'ils ne le reçoivent que de l'Ayde-Major, du Sous-Ayde-Major de ce Corps, ou de l'Officier qui en leur abſence en remplira les fonctions.

CV. Le mot dans les Citadelles, Châteaux, Forts & Réduits devant être le même que dans les Villes auſquelles ils ſont attachez, celuy qui y commandera enverra tous les jours prendre le mot du Gouverneur de la Ville, & en l'abſence dudit Gouverneur, de celuy, quel qu'il ſoit, qui ſe trouvera commander dans ladite Ville, quand même il ſeroit de grade trés-inferieur à celui qui commandera dans leſdites Citadelles, Châteaux, Forts ou Réduits.

CVI. N'entend néanmoins Sa Majeſté, que ceux qui commanderont dans les Villes, puiſſent pretendre aucun commandement ni autorité dans leſdites Citadelles & Châteaux, s'ils n'en ſont en même tems Gouverneurs ; ni pareillement ceux qui commanderont dans leſdites Citadelles & Châteaux, ſur ceux qui commanderont dans les Villes.

CVII. Immediatement aprés la fermeture des portes, l'Officier commandant en chaque poſte, enverra un Sergent ou Caporal de ſa garde, ſur la Place d'armes, pour prendre l'ordre & le mot, & les luy raporter.

CVIII. Lorſque les Gouverneurs, Lieutenans de Roy ou Commandans, feront leur ronde, l'Officier principal qui commandera en chaque Corps-de-garde, ſera tenu de les aller recevoir l'eſponton à la main, & de leur porter le mot en perſonne prés la Sentinelle avancée, aprés les avoir fait reconnoître, ſans qu'il puiſſe l'envoyer par un Sergent ny Officier ſubalterne, & ſans que leſdits Gouverneurs, Lieutenans de Roy ou Commandans, ſoient obligez de deſcendre de cheval : il en ſera uſé de la même maniere à l'égard des Majors ou Ayde-Majors, lorſqu'ils feront leur premiere ronde apellée ronde Major, laquelle Sa Majeſté veut être faite tous les jours par leſdits Majors ou Ayde-Majors, ſuivant les arrangemens qu'ils auront pris entre eux.

CIX. Dépuis que l'on aura fermé les portes juſqu'à ce qu'on les ouvre, il y aura toûjours, s'il ſe peut, des Officiers ſur les remparts; Veut pour cet effet Sa Majeſté, que ceux qui auront été nommez à l'ordre pour être de ronde, auſſitôt l'ordre donné, ſe trouvent au lieu deſtiné pour tirer les gardes, afin d'y tirer leurs rondes; leur deffendant de les changer entre eux, ni de manquer à les faire, à peine d'être mis aux arrêts pour quinze jours, & de privation de leurs apointemens pendant ledit temps.

CX. Le Major de la Place écrira ſur un Regiſtre les noms & grades des Officiers auſquels les rondes des differentes heures ſeront échûës, & il leur ſera delivré à chacun autant de pieces de plomb ou de cuivre, où l'heure de la ronde ſera empreinte, qu'il y aura de Corps-de-garde ſur le chemin deſdites rondes : ceux qui feront leſdites rondes, s'arrêteront à tous leſdits Corps-de-garde, pour donner le mot; ils y laiſſeront au Caporal une deſdites pieces de cuivre ou de plomb, & y écriront ſur le Regiſtre leurs noms & l'heure à laquelle ils auront paſſé : le lendemain à neuf heures les Caporaux raporteront lesdites pieces au Major, avec le Regiſtre; afin qu'il vérifie ſi les rondes auront été faites exactement & dans l'ordre preſcrit, pour ſur cette vérification, & ſur le compte qui en ſera par luy rendu au Commandant de la Place, les Officiers qui n'auront pas fait leur ronde, ou qui auront interverti l'ordre dans lequel ils auroient dû la faire, être mis en priſon juſqu'à nouvel ordre de Sa Majeſté.

CXI. Les Officiers ſubalternes des Regimens des Gardes Françoiſes & Suiſſes, feront la ronde dans les Villes & Places où ils ſe trouveront en garniſon, ainſi que les autres Officiers d'Infanterie.

CXII. Lorſque les rondes ſe rencontreront ſur le rempart, la premiere qui découvrira l'autre, criera ronde, en diſant ſi c'eſt de Capitaine ou de Lieutenant, & de quel Regiment; l'autre répondra de même, & lors qu'elles ſe joindront, l'Officier de caractere inferieur donnera le mot; & ſi le caractere eſt égal, l'Officier du plus ancien Regiment le recevra.

CXIII. Dans les grandes Villes, les Officiers pourront faire leur ronde à cheval, mais ils ſeront obligez de mettre pied à terre à tous les Corps-de-garde où ils devront donner le mot, laiſſer la piece de ronde, & y écrire ſur le regiſtre: Pourront cependant les Commandans deſdites Villes, lorſqu'ils le jugeront à propos, couper les rondes en deux; de ſorte qu'un même Officier ne faſſe que la moitié du circuit de la Ville.

CXIV. Outre leſdites rondes d'Officiers, il s'en fera d'heure en heure, & même plus ſouvent, ſuivant la force de la garniſon, par des Sergens ou Caporaux, avec des Soldats de chaque Corps-de-garde, ſi le Commandant de la Place le juge neceſſaire.

CXV. Toutes les rondes, ſoit d'Officiers, Sergens ou autres, ſeront obligées, à peine de priſon, de porter un falot.

CXVI. Les Directeurs & Inſpecteurs generaux des troupes; faiſant leurs rondes, recevront les mêmes honneurs que les Commandans des Places; & les Majors leur feront porter le mot par un Ayde-Major.

CXVII. Aprés le mot donné ſur la Place, le Major ira le rendre au Gouverneur ou Commandant de qui il l'aura reçû; il le portera une fois le mois en perſonne, au Lieutenant de Roy, lorſque le Gouverneur ou autre Commandant ſuperieur ſe trouvera dans la Place, & les autres jours il le luy enverra par un Ayde-Major; bien entendu que lorſque le Lieutenant de Roy ſe trouvera commandant, le Major ne pourra ſe diſpenſer d'aller luy porter le mot tous les jours.

CXVIII. Il enverra l'ordre aux Commiſſaires des guerres, à l'Ingenieur & au Commiſſaire d'Artillerie, par des Sergens de la garniſon, qui le porteront chacun à leur tour.

CXIX. Les Majors, Sergens & Marêchaux-des-logis des Troupes qui ſeront logées dans les Places de guerre pendant leur route, ſeront obligez de ſe trouver à l'ordre, de même que s'ils étoient en garniſon ; le Gouverneur leur indiquera l'heure du départ, & leurs Tambours battront la retraite avec les autres.

CXX. S'il arrivoit des difficultez ou differens entre les Officiers-Majors des Places, & ceux des Troupes y étant en garniſon, ſoit Gendarmerie, Cavalerie, Dragons ou Infanterie, qui n'ayent pas été décidées par Sa Majeſté, elles ſeront reglées par proviſion par le Gouverneur, & en ſon abſence par le Lieutenant de Roy ou le Major qui ſe trouvera commandant : Veut Sa Majeſté, qu'ils l'informent inceſſamment de ce qu'ils auront decidé, & que tous Officiers de ſes Troupes ſoient tenus de s'y conformer juſqu'à nouvel ordre d'Elle, à peine de deſobéïſſance. Veut au ſurplus Sa Majeſté, que les articles contenus dans la preſente Ordonnance, ſoient exécutez nonobſtant toutes diſpoſitions portées au contraire dans les Ordonnances precedentes, auſquelles Sa Majeſté a dérogé & déroge à cet égard ſeulement.

Mande & ordonne Sa Majeſté, aux Gouverneurs & ſes Lieutenans Generaux en ſes Provinces & Armées, Intendans ou Commiſſaires départis en icelles, Gouverneurs & Commandans dans ses Villes & Places, Directeurs & Inspecteurs generaux de ses Troupes, Colonels, Mestres de Camp d'Infanterie, Cavalerie & Dragons, Commissaires ordinaires de ses guerres, & tous autres ses Officiers & Sujets qu'il apartiendra, de se conformer à ce qui est prescrit par la presente Ordonnance, de tenir la main à son exécution, & de la faire publier & afficher par tout où besoin sera, à ce qu'aucun n'en ignore. FAIT à Compiegne le premier Aoust mil sept cens trente-trois. *Signé* LOUIS. *Et plus bas*, BAÜYN.

www.ingramcontent.com/pod-product-compliance
Ingram Content Group UK Ltd.
Pitfield, Milton Keynes, MK11 3LW, UK
UKHW021037180726
13838UKWH00004B/1859

9 782329 355122